SOCIÉTÉ D'AGRICULTURE DU DÉPARTEMENT DU CHER

RAPPORT

SUR LE

CONTRAT DE LOUAGE

A COLONAT PARTIAIRE

OU

BAIL A MÉTAYAGE

PROJET DE BAIL-TYPE

SOCIÉTÉ D'AGRICULTURE
DU DÉPARTEMENT DU CHER

RAPPORT

SUR LE

CONTRAT DE LOUAGE

A COLONAT PARTIAIRE

OU

BAIL A MÉTAYAGE

PROJET DE BAIL-TYPE

BOURGES
IMPRIMERIE ET LITHOGRAPHIE H. SIRE
4, Rue des Armuriers, et 6 *bis* (Cour de l'Oratoire)

1891

RAPPORT

SUR LE

CONTRAT DE LOUAGE A COLONAT PARTIAIRE

OU BAIL A MÉTAYAGE

PROJET DE BAIL-TYPE

Messieurs,

Vous avez manifesté le désir, en votre séance du 6 décembre dernier, qu'une étude sur le bail à métayage soit soumise à vos délibérations, et, en particulier, qu'un type de bail à métayage pouvant se rapporter aux besoins généraux de notre contrée vous soit présenté.

M. Chapelard, qui avait accepté de s'occuper de cette question, a bien voulu me confier le soin de l'examiner avec lui ; d'autres personnes compétentes se sont jointes à nous.

Beaucoup d'auteurs se sont occupés longuement du bail à métayage, appelé aussi bail à colonage — ou, plus nouvellement, à colonat — partiaire, et je ne chercherai pas à vous faire l'historique, non plus que l'analyse, de tous ces travaux ; ce serait tomber, forcément, dans un travail que le cadre de mon sujet ne comporte pas et m'exposer à des redites et à des longueurs : je ne retracerai pas, non plus, la définition légale du bail à colonage, définition que vient de modifier la loi du 18 juillet 1889.

Le bail à métayage est un des contrats de louage les plus anciens, ainsi que le constatent M. Rérolle, avocat à Lyon, dans son ouvrage, résumé par M. Tournyer devant la Société des Agriculteurs de France (Bulletin 1889, page 523), et, plus récemment encore, notre collègue, M. de Belleville, qui, dans son remarquable rapport traitant du bail à ferme, a rapidement examiné les divergences entre ce bail et le contrat de métayage.

Vous vous souvenez encore de cette étude dans laquelle M. de Belleville a trop bien fait ressortir la différence de ces deux contrats, pour que j'aie besoin de les remettre sous vos yeux.

Je me bornerai donc, suivant votre désir et le programme que vous m'avez tracé, à vous soumettre un simple projet de bail entre un propriétaire (ou un fermier) et un colon voulant devenir son métayer, et, me mettant à la place tantôt du propriétaire, tantôt du métayer, à établir des clauses se rapportant soit à l'intérêt général, soit à l'intérêt personnel de chacun d'eux, juridiquement et pratiquement, en ce qui concerne notre région.

Je me suis surtout inspiré, dans ce travail, du cahier des charges des baux consentis par M. Duvergier de Hauranne, ces baux sont très étudiés et j'y ai fait de larges emprunts ; j'ai trouvé dans l'étude de ces clauses un très grand secours pour mon travail.

Je me rencontrerai, souvent, aussi, avec l'ouvrage de M. Baudouin (*Commentaire de la loi du 18 juillet 1889*) et cela, volontairement, Messieurs, parce que je ne crois pas pouvoir mieux faire que de m'en référer à cet ouvrage qui traite la question d'une façon complète, surtout au point de vue juridique, et les modifications que je puis avoir apportées consistent, surtout, dans la nécessité de ramener le Bail qui vous est soumis aux conditions spéciales au département du Cher.

Qualités des parties. — Devant Me X..., notaire à Z, a comparu M..., lequel, par les présentes, donne, à titre de bail à colonat partiaire, à moitié profit et pertes, le domaine des Chaumes, situé à....., canton de....., à M..., cultivateur, et à Mme...., son épouse, qu'il autorise, demeurant ensemble à..., tous deux présents et acceptants.

— Il est évident que ce bail peut être passé sous seings privés. Il suffit, alors, de modifier l'entête et de constater, à la fin du bail, que le sous-seing a été fait en double copie pour chacune des parties. Le preneur, s'il ne sait pas signer, peut le passer par mandataire, muni d'une procuration notariée.

Désignation. — Le domaine est situé commune de... et, par extension, de... et de..., canton de... et de... arrondissement de...

Sa contenance totale est d'environ..... hectares comprenant bâtiments d'habitation et d'exploitation, terres labourables, prairies naturelles, vignes et bois, mais le bailleur déclare ne garantir nullement aux preneurs la contenance réelle sus-indiquée. En conséquence, aucun recours ne pourra être exercé contre lui par les preneurs pour différence, en plus ou en moins, de celle sus-énoncée, le surplus étant à leur profit et la perte supportée par eux.

— On peut appeler cette désignation une clause de style sur laquelle il n'y a pas lieu de s'arrêter longuement. Elle a surtout pour but d'éviter une désignation de propriété parfois très longue, et, ensuite, des réclamations et des frais considérables qui se renouvelleraient, forcément, à chaque entrée de métayers, s'il était nécessaire de garantir formellement la contenance exacte du domaine et, par suite, de procéder à un arpentage.

Conditions

Ce bail est fait aux charges, clauses et conditions suivantes que les preneurs s'obligent, solidairement entre eux, d'exécuter ponctuellement.

ARTICLE PREMIER.

Jouissance. — Les preneurs jouiront du domaine en bon père de famille, ils veilleront à sa conservation sans pouvoir faire ou laisser faire aucun dégât.

— Sur cette clause, une question vient se greffer: qu'entend-on par jouissance en bon père de famille, en matière agricole, et comment l'apprécie-t-on ? En d'autres termes, est-ce jouir en bon père de famille que de continuer la culture routinière, ordinairement suivie, plutôt que de chercher à employer les méthodes nouvelles ?

Avec M. Baudoin, nous n'hésiterons pas à répondre affirmativement, parce que, généralement, le métayer est un cultivateur qui travaille activement, péniblement, et n'a pas les connaissances nécessaires pour se livrer aux essais qui demandent, non sans grands frais parfois, les méthodes culturales aujourd'hui employées. Il suffit donc qu'il donne tous ses soins au domaine dont il s'est chargé, pour qu'il remplisse toutes les conditions de son engagement.

Quant aux dégradations, il est clair qu'il doit les évi-

ter et qu'il est responsable de ses fautes et négligences,
soit qu'il ne suive pas les assolements réguliers, soit
qu'il ne cultive pas en temps et saisons convenables.
En un mot, s'il diminue, par sa faute, les produits du
domaine et consomme d'une façon peu judicieuse les
pailles, fourrages et autres produits, il peut être alors
tenu de sa négligence et de sa faute.

La preuve qu'il n'est nullement cause des dégradations arrivées en cours du bail lui incombe absolument.
(Loi du 18 juillet 1889, art. 4.)

Article 2.

Etat des lieux. Réparations locatives. — Les preneurs prendront les bâtiments d'exploitation et d'habitation en bon état de réparations locatives (ou suivant
état de lieux qui sera dressé à leur entrée). Il en sera de
même des râteliers, mangeoires et fonds de lieux. Ils
entretiendront le tout pendant la durée du bail et le
rendront à leur sortie, conformément à l'état de lieux
s'il en est dressé à l'entrée.

— Je crois préférable d'établir ainsi cette clause,
au lieu de déclarer que les preneurs prendront le domaine *dans l'état où il se trouve*, comme je l'ai vu dans
certains baux. En effet, aux termes de la loi, les métayers sont censés avoir pris les bâtiments *en bon état*
(ce qui, parfois, n'est pas exact), et à leur sortie, en
l'absence d'état de lieux, les réparations locatives devien-
nent parfois très lourdes, parce qu'ils peuvent être
exposés à supporter les dégradations commises par les
anciens métayers; dans l'intérêt de tous et pour éviter
des ennuis, il me semble donc de beaucoup plus juste
de dresser un état de lieux, quand les métayers ne
prendront pas le domaine en bon état; toutefois, il
est de beaucoup préférable qu'ils entrent dans un

domaine en bon état, ce qui évite les expertises d'entrée et de sortie et par suite des contestations et des frais.

Si le propriétaire ne veut pas faire faire, à l'entrée, les réparations nécessaires pour mettre les bâtiments en bon état, il est, au moins, constaté la somme qui serait nécessaire et le métayer supporte le surplus ou profite de la différence à l'estimation de sortie.

Je ne vous parlerai pas des réparations locatives, elles sont suffisamment spécifiées dans l'art. 1754 civil en ce qui concerne les bâtiments d'habitation et dans l'art. 90 des *Usages locaux du Cher* pour les bâtiments d'exploitation ; il est clair que ces prescriptions doivent conserver tout leur effet, rien, dans la nouvelle loi, n'étant venu les abroger.

ARTICLE. 3.

Habitation. Sous-location. — Les preneurs seront tenus d'habiter le dit domaine, eux et leur famille, et de prendre, le cas échéant, des domestiques en nombre suffisant pour la bonne exploitation du domaine. Ils ne pourront sous-louer tout ou partie du domaine sans le consentement par écrit du bailleur.

— Ceci se comprend, parce que, à la différence des baux à loyer où, souvent, il est peu important que telle ou telle personne habite la maison, pourvu que les loyers en soient payés, nous nous trouvons, ici, en présence d'un homme-avec lequel on a traité parce qu'on le connaît ou que l'on sait qu'il est bon cultivateur, courageux au travail et capable de tirer bon parti des terres à lui confiées ; il importe donc, absolument, qu'il exploite le domaine par lui-même et sa famille, et ne puisse mettre, en son lieu et place, un tiers inconnu du propriétaire.

Il peut arriver, souvent, que la famille du métayer ne soit pas assez nombreuse pour exploiter par son propre travail, un domaine important; c'est pour cela que M. Duvergier de Hauranne, dans ses baux, a introduit pour les métayers, l'obligation de prendre des domestiques et, à mon avis, l'on peut conserver cette clause, parce qu'ils sont, le plus souvent, enclins à laisser péricliter l'exploitation en se fiant à leurs propres forces.

ARTICLE 4.

Travail au dehors. — Les preneurs ne pourront, en aucun cas, aller travailler, ni employer les bestiaux du domaine pour un travail en dehors, sans une autorisation écrite et formelle du bailleur.

— Souvent les métayers ou les membres de leur famille sont tentés d'utiliser les bestiaux du domaine, soit à titre gracieux, soit, le plus fréquemment, à prix d'argent, pour faire des journées ou des charrois pour eux-mêmes, pour leurs voisins et pour leurs parents éloignés; cette faculté ne doit pas leur être laissée : d'abord les travaux du domaine sont, alors, généralement, négligés et ensuite les bêtes ne peuvent que souffrir de ce surcroit de besogne.

C'est, du reste, dans l'intérêt du métayer que cette défense doit être édictée dans le bail, car, en cas d'accident survenu dans ces conditions, le métayer est responsable des bestiaux confiés à ses soins, et la perte ou le dommage survenus par sa faute restent tout entiers à sa charge (1382 civil).

ARTICLE 5.

Charrois pour le bailleur. — Les preneurs s'obligent à faire, chaque année, pour le bailleur, les charrois nécessaires pour conduire chez lui les produits du domaine ou pour tout autre transport.

Le nombre de ces journées sera déterminé, d'un

commun accord, sans pouvoir dépasser un maximum qui sera fixé.

Le bailleur s'engage, de son côté, à ne pas demander l'exécution de cette clause au moment des labours et de la rentrée des foins ou des récoltes, sauf le cas d'urgence et exceptionnellement.

Ils seront tenus de conduire également les grains du bailleur en sa demeure ou en tel endroit qu'il désignera ; le bailleur, dans ce qui concerne les obligations ci-dessus, nourrira les hommes et les chevaux.

Le maximum de distance prévu par l'art. 8 ci-après, sera applicable dans les cas indiqués ci-dessus.

— Ceci rentre dans le droit exprès du bailleur de profiter des bestiaux du domaine pour son usage personnel, et je ne pense pas qu'il y ait lieu de s'y arrêter. On remarquera que le métayer trouve une légère compensation à son travail dans les frais de nourriture que le bailleur prend à sa charge.

Les charrois non accomplis dans l'année ne peuvent être reportés à l'année suivante.

ARTICLE 6.

Voies de fait, usurpations, dégâts, anticipations. — Les preneurs avertiront le bailleur, dans le mois, des voies de fait, de tous dégâts, usurpations et anticipations, qui pourront survenir dans le domaine par le fait des tiers.

Faute de ce faire, leur responsabilité personnelle sera engagée.

— Le bailleur ne pouvant avoir une surveillance de tout instant, il est nécessaire que le métayer soit intéressé à la conservation des droits du propriétaire ; on arrive à ce résultat en le déclarant responsable faute, par lui, d'un avis donné en temps utile, de tous les dégâts et actes de malveillance, négligence ou mauvaise volonté, que nous voyons commettre, tous les jours, par les riverains ou leurs domestiques, sur les terres des domaines.

ARTICLE 7.

Chèvres, oies. — Les preneurs ne souffriront ni chèvres, ni oies, sur la propriété des Chaumes.

ARTICLE 8.

Constructions et grosses réparations. — Le bailleur pourra, pendant la durée du bail, faire toutes constructions, reconstructions et grosses réparations qu'il jugera convenables aux bâtiments du domaine.

Dans ce cas, les preneurs s'obligent à les supporter, sans indemnité, même quand la durée des travaux excèderait le temps déterminé par la loi. Ils seront tenus de conduire et d'amener à pied d'œuvre, avec les bestiaux du domaine, sans indemnité, le sable et tous les matériaux nécessaires pour ces réparations et constructions.

Toutefois, si la distance pour aller chercher ces matériaux était supérieure à 12 kilomètres, aller et retour, le bailleur devrait aux preneurs une indemnité fixe de un franc par jour et par homme, et il tiendra compte aux preneurs des frais de séjour et de nourriture des attelages.

Ils devront également débarrasser le terrain des déblais et les conduire aux endroits désignés sans indemnité.

— Le but de cette indemnité est de tenir compte, dans une certaine mesure, des dépenses extraordinaires que pourraient déterminer, à l'égard des preneurs, des travaux parfois très longs et nécessitant des dérangements importants.

Le métayer doit bien au bailleur les charrois nécessaires à l'exploitation du domaine, mais ceux-ci ne me semblent pas rentrer dans cette catégorie. Il est juste, en effet, que le bailleur qui, en somme, a un intérêt réel à s'éviter de trop grands frais de conduite, en utilisant les bœufs et les chevaux qui lui appartiennent, tienne compte au métayer du surcroît de travail qu'il lui donne.

Nous avons cru devoir fixer la distance à 12 kilomètres, parce que, si elle est supérieure, elle nécessite un repos plus ou moins long des attelages et, partant, des dépenses pour les hommes.

Quant à l'indemnité, le chiffre peut en être modifié, mais il est préférable, je crois, de fixer une somme journalière plutôt que de la calculer proportionnellement à la distance parcourue, ce qui entraînerait parfois entre les parties des contestations désagréables.

ARTICLE 9.

Ventes et échanges. — Les preneurs souffriront toutes ventes partielles et tous échanges dans le domaine dont s'agit. En cas d'échange sans soulte, ils profiteront des terres échangées, mais ne pourront réclamer aucune indemnité, soit en cas de diminution de contenance, soit en cas d'augmentation.

En cas de vente totale, le bail pourra être résilié de plein droit, ou, seulement, après congé signifié par l'acquéreur, suivant l'usage des lieux, et, dans ce cas, il sera tenu compte aux preneurs des impenses qu'ils pourront avoir faites suivant les conditions établies aux articles 15 et 16 ci-après.

En cas de ventes partielles, il sera tenu compte de la perte d'intérêt qu'ils subiront au taux de 1 fr. 50 %, et cela pendant un an du jour de la vente.

Article 10.

Chasse et pêche. — Les preneurs n'auront, en aucune façon, le droit de chasse et de pêche sur toute l'étendue du domaine, sauf en ce qui concerne les animaux nuisibles, qu'ils sont autorisés à repousser en se conformant aux prescriptions de la loi.

Article 11.

Assolements et culture. — Les preneurs devront exécuter fidèlement les ordres du bailleur, tant pour la durée des assolements et les méthodes de culture, et, en général, pour tout ce qui concerne l'exploitation du domaine, à condition que la culture générale ne s'écartera pas sensiblement des habitudes suivies dans le pays.

— La direction du domaine ne peut être, en thèse générale, exercée par le bailleur que dans les grandes lignes de l'exploitation, et il est forcé de s'en remettre, pour les détails qui nécessiteraient sa présence presque continuelle au domaine, à la bonne volonté du métayer. Dans ces questions, le colon, s'il n'a pas reçu d'ordres formels, peut agir d'après ses idées, et sa responsabilité est à couvert s'il a commis une faute légère.

Si, au contraire, le métayer n'a pas exécuté les ordres reçus, en ce qui concerne les travaux accoutumés, il a commis une faute dont il est responsable. Mais s'il s'agissait, de la part du maître, de procéder à une innovation, à un essai de culture expérimentale et susceptible d'induire le métayer dans des frais, celui-ci peut demander à ce que sa responsabilité, en cas d'insuccès, soit complètement couverte.

Dans le cas de refus de la part du bailleur de prendre sur lui toute la responsabilité, le colon peut, alors, s'opposer à l'emploi de ce mode de culture ou, du moins,

s'en référer à l'opinion du Juge de paix. (Article 5, loi
du 18 juillet 1889.)

ARTICLE 12.

Prairies artificielles. — Les preneurs seront tenus
de semer, chaque année, des graines de prairies artificielles dans les céréales désignées par le bailleur ; il
pourra être exigé, par celui-ci, qu'à leur sortie ils en
laissent une quantité au moins égale à celle qu'ils auront
ront reçue à l'entrée.

Ils devront laisser le métayer entrant ensemencer les
graines fourragères, soit dans les blés d'automne, soit
dans les avoines.

— Le preneur étant obligé de suivre les ordres du
bailleur qui désigne les terres à ensemencer en graines
fourragères, il n'y a pas lieu, comme dans le fermage, à
une estimation d'entrée ou de sortie. Nous constatons
le droit du métayer entrant de semer ses graines fourragères dans les céréales du sortant, mais ici nous faisons remarquer qu'il existe deux systèmes pour cette
culture :

1° Celui qui consiste à semer dans les blés d'automne
et auquel cas le métayer entrant a droit de semer deux
récoltes dans les blés du sortant, l'année de la sortie,
puis l'année suivante (puisque les blés appartiennent
toujours au sortant) ;

2° Et celui qui consiste à semer seulement dans les
avoines, auquel cas l'entrant ne fait qu'une récolte
dans les terres du sortant. Ces deux systèmes étant également employés, nous ne faisons que les mentionner.

Je crois cependant nécessaire de spécifier, *dans tous
les cas*, que l'opportunité du coup de herse sera laissée
à l'appréciation du bailleur et non du métayer sortant ;
autrement, il se produirait inévitablement des discussions et des abus.

ARTICLE 13.

Semences. — L'année de l'entrée en jouissance, les semences seront fournies par le propriétaire, et le preneur lui remboursera la moitié de leur valeur.

Si le preneur possède des semences à la convenance du bailleur, il pourra fournir sa moitié en nature.

Les années suivantes, les semences seront prélevées sur la récolte, **avant partage**, ou achetées au dehors à frais communs, au choix du bailleur.

— Ceci est très important, surtout lorsque le bailleur veut faire l'emploi d'espèces de blés que les preneurs ne pourraient se procurer qu'à grands frais. Le métayer entrant n'ayant généralement pas de semences, même ordinaires, à sa disposition, le forcer à en acheter serait lui imposer une mise de fonds qui, sans dépasser ses propres ressources, lui occasionnerait peut-être une gêne dans l'avenir, surtout au commencement de son bail ; il est, à mon avis, plus naturel que les semences soient fournies, à l'origine, par le bailleur, qui peut ainsi faire cultiver les céréales qu'il désire. Il est à remarquer que, par suite de ce prélèvement, c'est le sortant et non le bailleur qui se trouve les fournir, puisqu'il les a reçues de même à son entrée en jouissance. Il n'y a donc pas lieu d'en tenir compte dans la comptabilité d'entrée, puisque le métayer les rendra à sa sortie.

ARTICLE 14.

Fumiers. — Les preneurs donneront tous leurs soins au bon établissement et à la conservation des fumiers, ils seront tenus de les conduire dans les terres, même les plus éloignées du domaine, et de fumer ces terres suivant les indications du bailleur.

— Je ne spécifie pas ici ce qu'on peut entendre par le bon entretien des fumiers ; tout est relatif, suivant le cas, surtout quand, dans le domaine, se trouve une place spéciale entourée de murettes, bétonnée, etc., ce qui contribue beaucoup à la conservation et au pouvoir d'assimilation des fumiers. — Je ne parle pas non plus des arrosages qu'ils doivent subir, plus ou moins fréquemment, avec les purins de la fosse ; suivant les circonstances, cette condition pourra être ajoutée, ainsi que le minimum de voitures à conduire par hectare, d'après la composition chimique des terres et leur éloignement plus ou moins grand des bâtiments de la ferme ; c'est ici une affaire toute d'appréciation entre les preneurs et le bailleur.

Article 15.

Engrais. — Les engrais qui seraient reconnus nécessaires seront achetés à frais communs, mais l'avance en sera faite par le bailleur, qui seul aura le droit de choisir les engrais qu'il est d'usage d'employer dans la culture ordinaire du pays.

En cas d'essai de nouveaux engrais, il y sera procédé aux frais exclusifs du bailleur. Les preneurs seront tenus de les broyer et mélanger, s'il y a lieu, suivant les indications du bailleur, et les répandre avec soin.

En ce qui concerne les engrais achetés pendant les trois dernières années de la sortie, il sera fait remise aux preneurs de un tiers du prix la deuxième année, et des deux tiers la dernière année du bail.

— Cette condition de remise me semble en elle-même très juste. Il est généralement admis que les engrais artificiels produisent leur effet pendant trois ans. Or, si le métayer doit sortir la deuxième année, il ne pourra profiter que des deux tiers, puis du tiers la dernière

année, des effets de l'engrais ; il ne doit donc contribuer
dans la dépense que proportionnellement à son profit.

Comme l'entrant profite du surplus, cette dépense
peut, régulièrement, lui être imputée et entrer immédiatement en compte.

Nous touchons ici, Messieurs, à une grave question,
celle de l'indemnité au fermier ou au métayer sortant.
Elle a été traitée avec de trop longs et trop complets
développements pour que je veuille y revenir ici. Vous
avez encore le souvenir des débats auxquels elle a
donné lieu devant vous. La Société des agriculteurs de
France ne l'a pas admise, comme contraire aux con-
ventions des parties ; vous-mêmes, vous l'avez re-
poussée ; je ne veux donc pas venir la traiter dans
cette enceinte.

Vous vous étonnez peut-être que je paraisse y faire
allusion dans cet article, c'est parce qu'il me semble que
l'on peut envisager la question sous une autre forme et
ne considérer ce remboursement des impenses faites
que comme un dédommagement à la perte de jouissance
imprévue que subit le métayer dont le bail est résilié
par la vente du domaine qu'il exploitait. En effet, il a
fait des frais, il aurait dû profiter de ses améliorations si
le bail avait eu sa durée normale. Il ne pouvait se
douter, en améliorant ses terres, qu'il travaillerait pour
autrui, puisqu'il avait, peut-être, plusieurs années de
jouissance devant lui ; il est donc juste qu'on lui tienne
compte de son travail et de ses avances. Ce n'est que
dans ce cas que j'admets cette solution et non à la fin
du bail régulièrement terminé, et je pense que vous
l'admettrez comme moi.

Dans les ventes partielles, il n'y a pas analogie, le
colon ne subit alors qu'une minime perte d'intérêt ; l'on
peut estimer la valeur de cette perte et lui en tenir
compte au taux de 1 fr. 50 0/0. Il n'y a pas lieu, alors,

de s'occuper de ses impenses, cet intérêt pouvant être regardé comme suffisamment rémunérateur.

ARTICLE 16.

Chaux et marne. — Le bailleur se réserve le droit de faire chauler ou marner chaque année une certaine quantité d'hectares qu'il désignera.

La chaux sera payée à frais communs et conduite par les preneurs dans les champs indiqués. La marne sera extraite dans les endroits spécifiés par le bailleur, à ses frais, mais chargée et roulée par les preneurs, sans indemnité ; s'il y a lieu au paiement d'un prix d'achat, il sera partagé par moitié.

— En cas de résiliation ou fin de bail, ces amendements seront assimilés aux engrais, et remise proportionnelle du prix en sera faite aux preneurs, aux termes de l'article ci-dessus.

ARTICLE 17.

Litières. — Au cas où le bailleur jugerait convenable d'employer des bruyères ou des fougères comme litières pour les animaux des domaines, les preneurs devront aller les chercher aux endroits désignés. Ils les rassembleront et aménageront dans les granges et hangars du domaine, de manière à les maintenir en bon état de conservation, et ne pourront en vendre.

Les frais d'achat, de coupe et de bottelage incomberont au bailleur.

— Cet article a été inséré ici pour le cas où l'insuffisance de paille nécessiterait l'emploi de matières végétales ; au surplus, ces sortes de litières sont souvent employées avec succès, surtout dans les domaines avoisinant les forêts, et j'ai cru devoir examiner les obligations aux-

quelles pourraient être, le cas échéant, soumis les
métayers en présence d'ordres semblables.

ARTICLE 18.

Cheptel de bestiaux. — Les preneurs recevront, à
leur entrée en jouissance, un cheptel de bestiaux dont
la valeur sera évaluée, contradictoirement, à dire
d'experts ; ces bestiaux appartiendront exclusivement
au bailleur, et les preneurs seront tenus de nourrir ces
animaux, les soigner et entretenir en bon état, pour en
rendre une valeur égale à leur sortie.

L'excédant ou la perte se partageront par moitié.

En cas de maladie, les frais seront supportés par
moitié.

— Je n'ai pas besoin, je pense, de m'étendre sur la
question du cheptel vif, il est réglé par le Code civil et
rien n'a été dérogé par la loi de 1889.

Toutefois, j'estime que, dans l'intérêt du propriétaire
et en ce qui concerne son gage, il serait préférable que
le cheptel de bestiaux, jusqu'à concurrence d'une certaine valeur peu élevée, soit attaché au domaine, et que
chaque métayer reçoive, en entrant, cette même valeur
comme fonds de lieux ; le surplus serait alors tenu
moitié profits et pertes, et, ainsi, le bailleur pourrait,
en cas de revendication, rentrer purement et simple-
ment en la possession des bestiaux qui auraient été
détournés ou vendus, souvent grâce à une complicité
malhonnête entre les métayers et les tiers acquéreurs.
Le preneur est responsable de sa faute légère dans
l'exécution de ce contrat, et répond aussi des négligences
de ses gens. Hors le cas de faute reconnue, la perte des
têtes de bétail est supportée par moitié.

Il est d'usage qu'en cas de maladie des bestiaux, les
frais de vétérinaire et de médicaments soient communs.

Article 19.

Achats et Ventes des bestiaux. — Les preneurs ne pourront vendre ni disposer d'aucune manière soit des bestiaux à eux confiés, soit du croît et des profits, sans autorisation expresse du bailleur ; ils ne pourront, également, procéder à aucun achat de bestiaux sans son autorisation formelle.

Le choix des races sera indiqué par le bailleur.

— Le bailleur ayant la direction du domaine, conserve également le droit exclusif de disposer des bestiaux ; il en est ainsi du croît. Au surplus, cette clause n'est que l'application de l'art. 1812 du Code civil. Il est évident que, par réciprocité, le bailleur ne peut, seul, disposer des bestiaux sans autorisation des preneurs.

Article 20.

Perte du cheptel. — Les preneurs entendent déroger, spécialement en ce qui concerne le cheptel, aux art. 1810 et 1827 du Code civil.

— Cette dérogation consiste en ce que, en cas de perte totale ou partielle du cheptel attaché au domaine, la perte est supportée par moitié.

Article 21.

Matériel agricole. — Le bailleur se réserve le droit d'introduire, à ses frais, les instruments nouveaux ou perfectionnés qu'il jugera convenables. Les preneurs les recevront alors sur estimation et seront tenus de les entretenir en bon état de conservation pour les rendre de même à leur sortie.

— Il est d'usage que le propriétaire ne fournisse aucun matériel agricole au métayer entrant ; toutefois, j'ai cru devoir lui accorder le droit d'introduire dans le domaine, et à ses frais, les instruments perfectionnés dont l'achat à frais communs eût pu grever le colon de lourdes charges.

Le métayer prend alors ces instruments en cheptel de fer ; il doit en suivre les règles, et comme il trouve son profit dans ces instruments, il doit leur donner tous ses soins, les entretenir et les rendre en bon état.

ARTICLE 22.

Pailles et Fourrages. — Les preneurs recevront, sans estimation, à leur entrée en jouissance, tous les foins, pailles et fourrages naturels ou artificiels pouvant exister dans le domaine et provenant de la première coupe de la dernière récolte ; les coupes suivantes serviront seules à la nourriture des bestiaux, et ils devront laisser, à leur sortie, des fourrages de même nature.

Les balles, vantilles et fumiers seront reçus sans estimation, pour être rendus de même.

— En cas d'entrée au 23 avril, il y aura lieu d'estimer les fourrages reçus, ainsi que les pailles, fumiers et balles, le profit ou la perte seront alors partagés par moitié.

Au 11 novembre, il n'y aura pas lieu à estimation, puisque tous les fourrages et pailles doivent être consommés dans le domaine et que la première coupe doit toujours être laissée pour l'entrant.

ARTICLE 23.

Expertises. — Tous les frais des expertises, contre-expertises et estimations d'entrée et de sortie, seront supportés par moitié.

ARTICLE 24.

Consommation des fourrages et racines. — Toutes les pailles, tous les fourrages naturels et artificiels, toutes les racines fourragères et potagères seront consommés dans le domaine, sans qu'il soit loisible aux preneurs d'en vendre ou distraire. Toutefois, ceux-ci auront le droit de disposer de leur part de fruits.

Le bailleur se réserve expressément la quantité de paille et fourrages naturels ou artificiels nécessaire à la nourriture de ses chevaux. Les preneurs devront conduire ces fourrages à son domicile aux époques qu'il indiquera ; cette quantité sera fixée par la convention.

— La consommation, dans le domaine, des fourrages et pailles, est un des actes qui rentrent dans la gestion d'un bon père de famille, je n'insiste donc pas sur ce point.

J'introduis dans cette clause une réserve de la part du bailleur, en ce qui concerne les fourrages nécessaires à ses chevaux, parce qu'il me semble juste qu'il profite des ressources que lui donne son domaine ; on pourrait la négliger si l'on voulait, mais je pense qu'en inscrivant cette réserve, ainsi que l'obligation des preneurs de conduire ces fourrages, on évitera des difficultés.

ARTICLE 25.

Foins. — La récolte des foins sur pied et des prairies artificielles sera faite aux frais des preneurs et par eux-mêmes. Ils prendront, au besoin, les ouvriers nécessaires.

— Il est de principe, dans le bail à métayage, que le colon doit, à ses frais, faucher, faner et rentrer les fourrages, il n'y a donc pas lieu d'insister ; il en est de

même pour la moisson ; le battage seul se fait, généralement, à frais communs.

Article 26.

Moisson. — Les frais de sarclages, nettoyages et récolte des céréales, ainsi que de la rentrée des grains,
incomberont tout entiers aux preneurs. La moisson de-
vra commencer à l'époque fixée par le bailleur. Les
preneurs s'engagent à louer un nombre suffisant d'ouvriers pour qu'elle soit faite sans interruption et avec
la plus grande célérité possible.

Les gerbes seront conduites dans les granges ou mises
en meules, au choix du bailleur.

Article 27.

Battage. — Tous les grains seront battus à la machine à frais communs. Les preneurs devront aller chercher la machine avec les bestiaux du domaine, ainsi que
l'eau et le charbon nécessaires.

La machine sera choisie et les conditions arrêtées par
le bailleur qui fournira un homme pour concourir au
battage et, au besoin, en surveiller la bonne exécution.

— Deux cas sont à examiner en ce qui concerne le
battage ; celui où le travail se fait à la journée et celui
où il se fait à un prix fixé par double décalitre.

Dans le premier cas, les dépenses toutes entières, ouvriers et machine sont à frais communs, elles s'établis-
sent généralement ainsi : le bailleur paye la machine et
le charbon (s'il n'est pas fourni par le propriétaire de la
machine), et les preneurs les ouvriers ; les dépenses sont
sensiblement égales.

Dans le deuxième cas, le réglement des dépenses est
de beaucoup plus simple, le métayer nourrit (à moitié

frais) les deux mécaniciens, et le montant des frais, pro-
portionnel au nombre de doubles décalitres récoltés, est
payé par moitié; les ouvriers et le charbon sont alors,
directement, soldés par le propriétaire de la machine;
c'est de beaucoup le moyen le plus pratique.

L'ouvrier fourni par le bailleur est, ordinairement,
occupé au mesurage des grains, surtout quand on bat
au double décalitre.

Article 28.

Nettoyage et partage des grains. — Le nettoyage
des semences aura lieu à frais communs, les grains
seront partagés avant nettoyage, mais après prélèvement des semences. La moitié revenant au bailleur sera
transportée dans son grenier, au domaine, ou en sa demeure, aux frais des preneurs.

Article 29.

Tonte des moutons. Volailles. — La tonte des moutons sera faite à frais communs à l'époque fixée par le
bailleur. La laine sera partagée par moitié.

Les volailles appartiendront aux preneurs, sauf en ce
qui concerne les menus suffrages.

— On peut donner, également, les volailles en cheptel,
mais le cas est très rare et, par suite des frais minimes
de nourriture, elles constituent, pour le métayer, un bé-
néfice réel; c'est pour cela qu'il est bon de lui en laisser
la pleine propriété, il est bien entendu que le bailleur
ne contribue en rien à leur nourriture.

Article. 30.

Haies, fossés et clôtures. — Les preneurs recevront,
à leur entrée, les fossés, haies vives et sèches, et autres

clôtures, soit en bon état, soit dans celui où elles se trouveront, et alors, suivant un état de lieux qui sera dressé à dire d'experts. Ils devront les entretenir en bon état pendant la durée du bail, et les rendre, à leur sortie, suivant expertise contradictoire.

Si le chiffre des réparations à effectuer, à leur sortie, pour les remettre en état est supérieur à celui fixé à l'époque de leur entrée, ils seront responsables de la différence; dans le cas contraire, il leur sera tenu compte de la plus-value.

— Nous trouvons ici l'application du système des réparations locatives et nous nous contentons de le mentionner. Il est cependant plus avantageux que les clôtures soient livrées en bon état.

ARTICLE 31.

Fossés et Drainages. — Les fossés de clôture seront nettoyés, curés et débarrassés des joncs et ronces en temps et saisons convenables; il en sera de même de ceux d'assainissement et d'irrigation.

Le bailleur pourra faire creuser tous fossés ou rigoles nécessaires dans les terres et les prés. Ce travail s'exécutera à ses frais, mais les preneurs seront tenus de les curer et tenir en bon état, sans indemnité, pour les rendre de même à leur sortie.

En cas de drainage, ils devront surveiller les bouches et les nettoyer pour en assurer le bon fonctionnement.

— J'estime que le bailleur ne peut pas demander au métayer de contribuer en argent dans les fossés qu'il lui plaira d'établir pendant la durée du bail, mais comme le colon profitera de l'augmentation de récolte qui pourra en résulter, il me semble juste qu'il donne son travail pour maintenir ces fossés en bon état.

Il est clair qu'il n'est ici nullement question de ces rigoles d'assainissement très étroites que l'on creuse dans les champs et même dans les prés, et qu'un seul coup de charrue suffit à établir, le métayer doit les creuser et les entretenir à ses frais ; je ne parle ici que des fossés permanents et d'une dimension d'ouverture ordinaire et plus considérable.

. Le métayer ne contribue pas aux frais de drainage. Il doit seulement surveiller le bon état des bouches, et, s'il y a lieu, amener les tuyaux nécessaires.

Article 32.

Prés. — Les prés seront irrigués en temps et saisons convenables, épinés, étaupinés et tenus à faulx courante. Il pourra y être conduit, sur l'ordre du bailleur, des terreaux et engrais dont les preneurs devront procéder à l'épandage suivant les instructions du bailleur.

Article 33.

Plantations d'arbres. — Le bailleur pourra faire planter, chaque année, des arbres de toute essence, que les preneurs devront soigner et entretenir en bon état, ils les garniront de tuteurs et d'épines pour éviter les dégâts causés par les animaux, ils remplaceront ceux qui auraient pu périr par leur faute et leur négligence, mais non par accident et cas fortuit.

— Les arbres n'appartenant jamais au métayer (même les arbres morts), il ne doit pas les planter à ses frais, mais doit les entretenir ; il est tenu de remplacer ceux qu'il a laissé détruire par négligence.

Article 34.

Elagage des arbres. Arbres fruitiers. — Les pre-

neurs ne pourront couper, ni par pied ni par cime, les
arbres vifs ou morts se trouvant dans la propriété.

Ils seront tenus d'élaguer ceux qui en sont susceptibles, en temps et saisons convenables, et de se servir
des feuilles pour la nourriture des moutons. Ils auront
alors droit au bois à en provenir, pour leur chauffage.
Il sera procédé à cet élagage de façon à ce qu'il reste,
à leur sortie, une quantité à déterminer d'arbres bons à
élaguer.

Les arbres fruitiers seront taillés, échenillés, émoussés
en temps opportun. Les preneurs profiteront de ceux
qui viendront à périr par vétusté et accident, mais à
charge par eux de les remplacer, dans l'année, par des
arbres de même essence.

Dans le cas où la taille des arbres fruitiers serait faite
par un ouvrier spécial, cet homme sera payé par le
bailleur, mais les preneurs devront le loger et le nourrir
sans indemnité.

— Contrairement à ce qui se passe en ce qui concerne
les arbres à haute tige, il est généralement admis que
les métayers profitent des arbres fruitiers qui viennent
à périr, mais ils sont tenus de les remplacer par des
arbres de même essence et autant que possible de même
espèce.

Le bailleur peut faire tailler les arbres par un homme
spécial, mais, dans ce cas, comme le métayer profite des
fruits ainsi obtenus, il doit loger et nourrir l'ouvrier.

ARTICLE 35.

Taillis. — L'entretien des haies qui pourront entourer
les taillis sera à la charge des preneurs. Ils ne pourront
faire pacager les bestiaux dans les bois que sur l'ordre
exprès du bailleur, et devront veiller avec soin à ce
qu'aucun dégât ne soit commis par les animaux.

ARTICLE 36.

Vigne.— La vigne sera façonnée, nettoyée, provignée et garnie d'échalas aux époques accoutumées. Les preneurs feront et fumeront chaque année une certaine quantité de provins à déterminer.

La récolte sera faite sur l'ordre du bailleur, mais aux frais des preneurs, et le vin ou la vendange à en provenir sera partagé par moitié.

— Je n'insiste pas davantage sur les façons à donner à la vigne, elles sont déterminées, suivant les localités, par les usages locaux, et diffèrent de temps et de nombre ; il y aura donc lieu de se conformer à l'habitude du pays.

ARTICLE 37.

Betteraves et Plantes sarclées. — Les preneurs feront, chaque année, une certaine quantité de betteraves, carottes et autres plantes sarclées, qui sera déterminée par le bailleur.

Ils seront tenus des labours, conduite et épandage des engrais, mais la semence et les engrais seront achetés à frais communs ; seront également à moitié frais le semage et les divers binages et sarclages qui pourront être faits par des ouvriers étrangers à l'exploitation ; l'arrachage et la conduite des racines au domaine ou aux silos seront à la charge des preneurs.

— Deux systèmes sont en vigueur en ce qui concerne les plantes sarclées : celui qui consiste à prendre des ouvriers étrangers au domaine pour opérer les binages nécessaires, et celui qui, au contraire, met le métayer dans l'obligation de tout faire par lui-même en lui donnant, pour le couvrir d'une partie des frais, une indemnité fixée par hectare.

Ce dernier système peut être employé avec des métayers consciencieux, mais trop souvent il est funeste, en ce sens que, l'indemnité étant toujours assurée au colon, il en profite ou pour négliger les façons qu'il doit donner, les faire tardivement, ou, s'il les fait en temps utile, les faire le plus superficiellement possible.

J'estime donc qu'il est préférable — et c'est l'avis de plusieurs personnes — d'autoriser le métayer à prendre des ouvriers dont le salaire est payé par moitié ; il n'est pas alors gêné, lui-même, dans les autres travaux qu'il peut avoir à accomplir et, sous sa direction, ces sarclages sont le plus souvent mieux faits que par lui-même ; c'est parfois plus facile de surveiller et de diriger les autres que de s'astreindre à faire le travail.

Remarquez-le bien aussi, il se présente une différence de prix qui peut être à l'avantage du métayer, surtout si le domaine possède les instruments nécessaires, car le métayer, sans réclamer une indemnité, s'empresse pour obtenir de meilleures conditions des ouvriers, de nettoyer d'abord les plantes sarclées avec la binouse et n'a plus qu'à faire enlever, autour de la betterave, les mauvaises herbes que l'instrument n'aurait pu détruire sans blesser la plante.

Je crois donc (surtout si la culture de la betterave et de la pomme de terre, dans un but industriel, est en vigueur dans le domaine) que ce dernier moyen est celui qui peut donner les meilleurs résultats.

Article 38.

Plantes sarclées faites par le bailleur. — Le bailleur se réserve le droit de faire, chaque année, dans les terres qu'il désignera et dont la contenance sera déterminée d'un commun accord, une certaine quantité de gros légumes pour son usage.

Les preneurs seront tenus d'opérer les premiers labours et le semage, mais les binages et l'arrachage seront à la charge du bailleur ; les charrois de ces légumes seront faits par les preneurs sans indemnité. De même les preneurs auront le droit de faire, pour eux, une certaine quantité de légumes pour leur consommation.

Ils ne devront, dans aucun cas, autoriser les personnes étrangères à en faire sur les terres du domaine sans avis favorable du bailleur.

Article 39.

Ensemencements de la dernière année. — Les preneurs, pendant la dernière année du bail, seront tenus de se conformer aux indications du bailleur sans qu'il puisse exiger d'eux qu'ils ensemencent une quantité inférieure à celle existant lors de leur entrée.

— Il peut facilement arriver que, dans le cours du bail, la contenance ensemencée soit quelque peu supérieure ou inférieure à la quantité emblavée suivant l'assolement suivi, mais il est nécessaire que le métayer ne soit pas, la dernière année, à la discrétion du bailleur.

Il est à remarquer qu'il sera très rare que la contenance cultivée soit inférieure, en fin de bail, à la proportion règlementaire ; aussi ne devons-nous envisager que l'hypothèse où elle se trouve supérieure.

Article 40.

Terres incultes, défrichements. — Les terres restées incultes par la faute des preneurs, pendant le cours du bail, seront remises en culture à leurs frais. En cas de défrichements de bois, les frais seront supportés par le bailleur.

— Les frais de défrichements étant plus considérables

que ceux ordinaires de culture, j'estime que le bailleur
doit les supporter tout entiers. Quant aux terres restées
en friche, il est de toute justice que le métayer supporte
entièrement les conséquences de sa négligence.

ARTICLE 41.

Assurances, pertes de récolte. — Le bailleur assurera
contre l'incendie tous les bâtiments du domaine, mais
les preneurs seront tenus de les assurer à leurs frais
contre les risques locatifs ; ils assureront, également à
leurs frais, les objets mobiliers, récolte, etc., leur appartenant ; les pailles, fourrages et bestiaux seront assurés
à frais communs.

Les récoltes seront assurées contre la grêle ; cette
assurance sera obligatoire, chaque année, pour le
métayer.

Les preneurs ne pourront réclamer du bailleur aucune
indemnité pour cause de grêle, sécheresse, feu du ciel,
incendie, et, en général, pour tous cas fortuits prévus
ou imprévus, même provenant de force majeure.

Les pertes de récoltes par accident seront supportées
par celle des parties à qui elle appartiendra.

— On remarquera que j'ai cru devoir mettre comme
obligatoire l'assurance tant contre l'incendie que contre
la grêle, des effets mobiliers, bestiaux et récoltes des
métayers ; il arrive, en effet, trop souvent, que, pour
s'éviter le paiement d'une prime, le colon ne veut pas
assurer ses objets mobiliers et ses récoltes ; c'est une
faute qui l'expose à une ruine soudaine et ne sauve-
garde pas les intérêts du bailleur dont le gage disparaît
sans retour.

En ce qui concerne les cas fortuits et la demande
d'indemnité pour cas de force majeure, le colon n'a au-

cunement le droit de la réclamer. Cette clause est l'application de l'article 1772 civil.

ARTICLE 42.

Récoltes des Métayers sortants. — La rentrée des récoltes des colons sortants, ainsi que de leurs grains battus, sera faite par les preneurs qui fourniront les attelages et les granges nécessaires, suivant les dispositions spéciales de l'article 96 des Usages locaux du Cher.

— Toutes les dispositions relatives aux relations des métayers entrants et des colons sortants, en ce qui concerne la récolte et le battage ainsi que l'ensemencement des prairies artificielles, étant réglées par les articles des usages, il est inutile de l'expliquer davantage et il suffit de s'y référer.

ARTICLE 43.

Comptes. — Les comptes entre les preneurs et le bailleur seront arrêtés chaque année à la date de l'entrée en jouissance, le règlement pourra en être immédiatement opéré, sur la demande de l'une ou l'autre des parties.

— Il est souvent d'usage de reporter le résultat du compte annuel sur l'année qui va s'écouler, mais il peut arriver que, sans procéder, bien entendu, à une estimation du cheptel vif et mort, les parties, pour ne pas laisser l'une d'elles débitrice d'une somme plus ou moins importante, soient d'accord pour que les sommes dues soient immédiatement versées.

ARTICLE 44.

Privilège du bailleur. — Le bailleur exercera son

privilège, aux termes de l'article 2102 civil, tant pour
les avances qu'il pourra avoir faites aux preneurs au
cours du bail, que pour le paiement du reliquat de
compte à la sortie, et cela nonobstant toute saisie ou
opposition contraires ; ce privilège sera soumis à la
prescription de cinq ans, du jour de la sortie.

— L'article inséré ci-contre est une disposition par-
ticulière de la loi du 18 juillet 1889 (art. 10 et 12) qui,
dans les actions relatives au métayage et à leur prescription, assigne un délai de cinq ans, afin que les questions
relatives à ce contrat soient définitivement tranchées (ou,
du moins, susceptibles d'être tranchées) dans ce délai.

Article 45.

Durée du bail. Tacite reconduction. — Ce bail est
fait pour une durée de trois années consécutives qui
commenceront à courir le..... pour se terminer le.....

Ce bail, qui ne sera pas résolu de plein droit par la
mort du bailleur, mais seulement par la mort de M.....
l'un des preneurs, se continuera par tacite reconduction, à moins que les parties ne se soient prévenues,
au moins neuf mois avant la date de son expiration.

— La dissolution de plein droit, par la mort du bailleur, n'est pas admise dans la nouvelle loi.

— La tacite reconduction est une question trop grave
et qui a donné lieu à trop de discussions théoriques pour
que nous l'abordions dans ce travail ; néanmoins, je
pense qu'il est nécessaire de spécifier d'une façon formelle le délai d'un nouveau bail qui pourrait être formé.

En cas de tacite reconduction, le présent bail sera
donc considéré comme renouvelé pour une durée d'un
an et continué d'année en année, jusqu'à avis contraire.

J'inscris ici un délai de neuf mois pour prévenir de

l'intention de l'une des parties de cesser le bail ; ce délai
me semble nécessaire par suite du droit du métayer entrant de semer des graines dans les céréales du sortant.

ARTICLE 46.

Menus suffrages. — Outre les clauses et conditions
ci-dessus, les preneurs seront également soumis aux
obligations suivantes, à titre de menus suffrages :

1° Ils acquitteront l'impôt des portes et fenêtres ou
tout autre équivalent ;

2° Ils paieront leurs impôts personnels et mobiliers et
ceux concernant les chiens du domaine. Ils accompliront,
chaque année, l'impôt des prestations ou tout autre en
tenant lieu ;

3° Ils paieront, chaque année, une somme d'argent
qui sera fixée d'une manière définitive d'un commun
accord ;

4° Ils donneront au bailleur la moitié de tous les
fruits, même des noix, et un tiers du chanvre ;

5° Les dindes seront partagées par moitié, mais la
nourriture sera tout entière à leur charge ;

6° Ils paieront les frais des présentes et tous autres y
ayant trait ;

7° Ils accompliront, en outre, les charrois et les obligations spéciales indiqués dans divers articles du présent bail ;

8° ....

— Les menus suffrages étant essentiellement varia-
bles, sont susceptibles de nombreuses modifications.

ARTICLE 47.

Enregistrement. — Les parties déclarent que, pour
les droits d'enregistrement seulement, les charges du

présent bail, en ce qui concerne les menus suffrages en
nature, sont évalués à la somme de 100 fr. et les produits du cheptel, pour la moitié revenant au bailleur, à
celle de 500 fr. annuellement.

Article 48 et dernier.

Election de domicile. — Les parties s'en réfèrent,
pour toutes les conditions non spécifiées au présent bail,
aux articles du Code civil qui s'y rapportent, ainsi
qu'aux *Usages locaux du Cher* et à la loi du 18 juillet
1889.

Elles élisent domicile, respectivement, pour l'exécution des présentes, à.....

Dont acte..... ou Fait double.....

Tel est, Messieurs, le projet que nous vous soumet-
tons. Peut-être y avons-nous laissé bien des lacunes ;
les clauses de ce contrat sont essentiellement susceptibles de modifications, surtout dans la forme, mais nous
pensons qu'on peut les ramener au type ci-dessus.

Nous aurions voulu traiter plus complètement cette
question, nous avons dû nous contenter d'en esquisser
les grandes lignes et nous nous estimerons fort heureux
si ce simple exposé peut, au moins dans quelqu'une de
ses parties, servir de guide pour les contrats de métayage qui s'établiront dans l'avenir.

J. QUIGNON.

Les Acacias (Châteauneuf-sur-Cher), 19 mai 1891.